INSTRUCTIONS

TRÈS DÉTAILLÉES

SUR L'EMPLOI DE

LA FARINE DE LENTILLES WARTON,

OU

MOYEN NATUREL, etc.;

AVEC

Un Aperçu sur les causes de la

CONSTIPATION;

Sur la Maladie opposée, — celle du

RELACHEMENT DES INTESTINS;

ET

Sur les **MOYENS AUXILIAIRES** auxquels on peut avoir recours, en cas de besoin, pour se guérir de ces deux Maladies, comme SUR LES MOYENS DE LES PRÉVENIR;

Par l'Auteur

« D'UNE DÉCOUVERTE EXTRAORDINAIRE, Dont l'importance est si grande, qu'elle touche de près aux intérêts les plus chers de tout individu du Genre Humain. »

Prix : 50 cent.

Paris.

LE DÉPÔT DE CE LIVRE EST
Mr. WARTON, RUE RICHELIEU, N° 68.
1841.

INSTRUCTIONS

TRÈS DÉTAILLÉES

SUR L'EMPLOI DE

LA FARINE DE LENTILLES WARTON,

OU

MOYEN NATUREL, etc.;

AVEC

Un Aperçu sur les causes de la

CONSTIPATION;

Sur la Maladie opposée, — celle du

RELACHEMENT DES INTESTINS;

ET

Sur les **MOYENS AUXILIAIRES** auxquels on peut avoir recours, en cas de besoin, pour se guérir de ces deux Maladies, comme SUR LES MOYENS DE LES PRÉVENIR;

Par l'Auteur

« D'UNE DÉCOUVERTE EXTRAORDINAIRE,
Dont l'importance est si grande, qu'elle touche de près aux intérêts les plus chers de tout individu du Genre Humain. »

Paris.

LE DÉPÔT DE CE LIVRE EST
CHEZ Mr. WARTON, RUE RICHELIEU, No 68.

1841.

IMPRIMERIE DE WITTERSHEIM,
RUE MONTMORENCY, 8.

INSTRUCTIONS

TRÈS DÉTAILLÉES,

SUR L'EMPLOI DE LA

FARINE DE LENTILLES WARTON,

OU

MOYEN NATUREL, etc.

CHAPITRE PREMIER.

Quelques Observations générales.

§ 1. Premièrement, lisez attentivement le livre publié sur la Farine de Lentilles Warton, ou Moyen Naturel, et intitulé : « *Explication d'une Découverte Extraordinaire* » (*a*), et relisez-le jusqu'à ce que vous soyez bien pénétré de son contenu ; — le livre est petit, son contenu facile à comprendre, et également facile à retenir. La lecture *réitérée* de ce livre, *avant de commencer l'emploi de la Farine*, est peut-être le plus important conseil que nous puissions vous donner à suivre.

(*a*) Voir le Prospectus à la fin.

§ 2. Les présentes « *Instructions* » s'adressent à cinq classes de personnes ; 1° à celles qui vont à la garde-robe sans employer de lavements, mais avec beaucoup de difficulté et rarement ;

c'est-à-dire, une fois seulement en plusieurs jours; 2° à celles qui ne peuvent pas y aller sans employer de lavements; 3° à celles qui vont à la garde-robe sans employer de lavements, mais avec quelque difficulté, et pas assez souvent; 4° à celles qui éprouvent un relâchement *subit* des intestins; 5° à celles qui éprouvent un relâchement *habituel* des intestins.

CHAPITRE II.

Indications pour la première classe de personnes,—celles qui vont à la garde-robe, sans employer de lavements, mais avec beaucoup de difficulté et rarement; c'est-à-dire, une fois seulement en plusieurs jours.

§ 3. Pendant trois jours de suite, vous mangerez deux onces de Farine de Lentilles Warton, au commencement de votre déjeuner, et deux onces au commencement de votre dîner.

§ 4. Vous la ferez apprêter dans l'une ou l'autre des quatre manières suivantes :

Première manière.

§ 5. La première manière de l'apprêter est : —de délayer la Farine, peu à peu, avec environ deux fois son poids d'eau froide; de la faire bouillir, en ayant soin de la remuer, tout le temps, pour l'empêcher de brûler au fond, et de devenir granuleuse. Aussitôt qu'elle commence à se montrer moins épaisse, ce qui arrive après avoir été bouillie de cinq à huit minutes, la Farine est cuite, et ne doit pas rester davantage sur le feu. La Farine étant ainsi cuite, vous la mangerez en y mettant, 1° du beurre en quantité suffisante pour qu'elle soit grasse : soit près de trois quarts d'once de beurre pour chaque once de Farine ; 2° du miel, aussi en assez grande quantité, pour qu'elle soit agréablement sucrée : soit environ une demi-once de miel pour chaque once de Farine; 3° de bon lait froid, en quantité plus ou moins grande, suivant que vous voudrez le mets plus ou moins clair. Le lait convient mieux que l'eau; c'est pourquoi, en délayant la Farine, avant de la faire bouillir, on ne doit pas employer plus d'eau qu'il n'est absolument nécessaire, pour pouvoir, en la mangeant, ajouter une plus forte proportion de lait. S'il vous était plus agréable, vous pourriez remplacer le lait par deux ou trois cuillerées d'un vin léger.

Seconde manière.

§ 6. La seconde manière d'apprêter la Farine est la même que la première, seulement, après l'avoir délayée dans l'eau froide, on y ajoute des raisins de Malaga, des raisins muscats de Malaga, ou des raisins de Corinthe (*a*), en quantité plus ou moins grande : soit une demi-once pour chaque once de Farine, suivant l'effet que l'on veut faire produire au mets, comme Moyen Naturel ; car ces raisins augmentent sa propriété.

(a) Il se trouve, souvent, parmi les raisins de Corinthe, de petites pierres ; c'est pourquoi il faut les éplucher avant d'en faire emploi.

Troisième manière.

§ 7. La troisième manière d'apprêter la Farine est ; — de la délayer avec un peu de lait, d'y ajouter une bonne quantité de miel, de mêler bien le tout ensemble, de le verser, comme pour faire une crêpe, dans une poêle à frire, dans laquelle, on a, auparavant, fait fondre assez de beurre pour que la cuisson se fasse sans brûler, et de le garder sur le feu, en le tournant, de temps à autre, jusqu'à ce qu'il soit cuit. Comme on n'y met pas d'œufs, ce gâteau est souvent cassé en petits morceaux, quand on le sort de la poêle. Cependant, il ne faut pas y mettre d'œufs, car il perdrait ainsi, ses propriétés comme Moyen Naturel. Ce gâteau doit être mangé tout chaud ; car, si on le laisse quelques instants sans le manger, il perd beaucoup de ses propriétés, comme Moyen Naturel.

Quatrième manière.

§ 8. La quatrième manière d'apprêter la Farine, ne diffère de la troisième, qu'en ce que, lorsqu'on met le miel, on ajoute aussi des raisins, comme il est indiqué au § 6, en quantité plus ou moins grande, suivant l'effet que l'on veut faire produire au gâteau, comme Moyen Naturel. Il doit être mangé tout chaud comme le gâteau fait d'après la troisième manière, et pour la même raison.

§ 9. De ces quatre manières d'apprêter la Farine, les deux premières sont les plus actives, comme Moyens Naturels;— les deux dernières offrent les plats les plus appétissants. Il sera bon de manger des mets apprêtés quelquefois d'après l'une, quelquefois d'après l'autre manière.

§ 10. Après avoir mangé, comme il est indiqué au § 3, pendant les trois premiers jours, vous mangerez les trois jours suivants, trois onces de Farine de Lentilles Warton au commencement de votre déjeuner, et autant au commencement de votre dîner, en apprêtant la Farine en l'une ou l'autre des quatre manières indiquées aux §§ 5, 6, 7, 8.

§ 11. Si l'effet que cette dernière quantité produit est convenable, vous continuerez après, comme pendant les trois derniers jours, de manger la même quantité, sans augmentation ni diminution.

§ 12. Si l'effet est trop fort, vous réduirez la quantité de Farine à deux onces à chacun de vos deux repas; ou même à une once si une once suffisait pour vous procurer des évacuations saines et journalières. Et même, à un repas ou deux, au lieu de manger de la Farine de Lentilles, vous pourriez la remplacer par un repas, dans lequel le pain entrerait pour une partie considérable; car le pain, en resserrant le corps, corrige l'effet qu'aurait produit une trop grande quantité de Farine de Lentilles Warton.

§ 15. Si, au contraire, trois onces de Farine à déjeuner, et autant à dîner, ne suffisaient pas pour vous procurer des évacuations convenables, réduisez la quantité de pain que vous mangez à vos repas, ou même abstenez-vous-en, tout-à-fait, ainsi que de toute nourriture formée de la farine de froment, car cette farine prédispose à la constipation.

§ 14. Pour remplacer le pain, vous mangerez avantageusement des pommes-de-terre, des choux, ou d'autres légumes. La pomme-de-terre, de l'espèce ronde, est, à cause de sa nature farineuse, le plus sain de tous les légumes, lorsqu'elle est convenablement cuite (*a*).

(*a*) Lorsque ces pommes-de-terre sont cuites, pour les avoir farineuses, on verse entièrement l'eau dans laquelle elles ont bouilli, et, de suite, on les sèche sur le feu, à découvert, dans la même casserole, pendant cinq minutes environ, en les retournant, pour que toutes soient également exposées à la chaleur du fond de la casserole, et pour les empêcher de brûler.

§ 15. S'il ne suffisait pas de vous abstenir de pain, il faudrait manger une des trois onces de farine, que vous prendriez à chaque repas, sans qu'elle fût bouillie. Vous mêleriez cette once de farine crue, petit à petit, aux deux onces cuites, en tournant bien le tout. Les proportions du beurre, du miel et du lait, doivent être les mêmes que pour les trois onces bouillies.

§ 16. Si tout ce qui précède était encore insuffisant, il serait nécessaire de supprimer de vos repas, en totalité, ou au moins en partie, les mets assaisonnés, les œufs, la pâtisserie, les viandes trop salées, le vinaigre, le poivre et toute autre épice, le café, le thé, les liqueurs spiritueuses, et même le vin.

§ 17. Vous bornerez votre manger, autant que cela vous sera possible, aux indications données aux §§ 10, 13, 14, en mangeant assez souvent un fort bouillon de bœuf, un potage au gras, de la viande tendre rôtie, des légumes au jus, des légumes verts, des fruits mûrs.

§ 18. Vous bornerez votre boisson, autant que cela vous sera possible, à l'eau froide. Vous y mettrez un peu de sucre, si vous y tenez. Mais vous pouvez boire librement de l'eau, sans qu'elle soit sucrée, et sans craindre que cela vous fasse mal; — évitez seulement d'en boire lorsque vous avez chaud.

§ 19. En suivant les indications qui précèdent, — jusqu'à ce que vous ayez acquis l'expérience que vous pouvez être plus libre dans votre régime, sans que cela vous empêche d'aller à la garde-robe sainement et tous les jours, — vous pouvez être certain d'améliorer votre santé de jour en jour, et de prolonger de beaucoup votre vie.

§ 20. Si, par cas extraordinaire, les moyens, qui précèdent, ne suffisaient pas pour vous procurer des évacuations saines et journalières, il faudrait manger pendant quelques temps, après chaque repas, des pruneaux, ou des raisins que nous avons indiqués au § 6 ; mais ils doivent être cuits.

§ 21. Vous cesserez de manger habituellement de ces fruits, aussitôt que vous aurez acquis l'expérience qu'ils ne vous sont plus nécessaires. Vous réduirez graduellement la quantité que vous en mangiez, jusqu'à ce que vous les supprimiez tout-à-fait.

§ 22. De même, il viendra un temps, où vous saurez, par expérience, que vous pouvez cesser de manger de la Farine de Lentilles Warton, parce qu'il viendra un temps, où vous aurez des évacuations saines et journalières sans son emploi. Cet heureux résultat, produit par cette Farine, vous fera voir quand, à la rigueur, vous pourrez en abandonner l'emploi. Mais nous vous conseillons de ne jamais l'abandonner entièrement. Pour vous assurer une santé toujours intacte, et une longue vie, la sagesse vous indiquera qu'il sera bon de continuer d'en manger, sinon tous les jours, au moins à des jours fixes et rapprochés, comme trois jours par semaine, ou deux jours, ou au moins un jour par semaine. Néanmoins, dans le cas où vous voudriez en cesser l'emploi, il ne faut pas le faire brusquement, mais par degrés, en diminuant *imperceptiblement* la quantité.

§ 23. D'après ce que nous venons de dire dans le dernier paragraphe, il ne faut pas croire que l'état de constipation habituelle puisse se guérir d'une manière permanente en très peu de temps; car, c'est un fait, reconnu par la médecine, que les maladies, qui, pour s'établir, demandent longtemps, comme la constipation habituelle, demandent longtemps, aussi, pour se guérir. Généralement, après qu'un tel état s'est établi, c'est seulement par une longue persévérance que l'on arrive au but; c'est-à-dire, à se procurer des évacuations saines, copieuses, journalières et *spontanées;* mais cependant, avec une telle persévérance, on y arrive toujours, en suivant ces « INSTRUCTIONS. »

§ 24. Ce qui est à regretter, c'est, que, si l'on n'a pas la patience de se traiter par les moyens indiqués dans ces « INSTRUCTIONS, » jusqu'à ce que l'on soit bien guéri, ce fâcheux état empire toujours progressivement. Dans ce cas, il faut abandonner l'espérance de posséder une santé toujours intacte, et de prolonger considérablement la durée de sa vie.

§ 25. Nous allons maintenant diriger votre attention sur un autre moyen auxiliaire *très important* à prendre, pour vous procurer le rétablissement des évacuations saines et journalières.

§ 26. Ce moyen est de visiter la garde-robe environ trois quarts d'heures après chaque repas, pour solliciter la nature. Cela se fait par des efforts modérés, faits à plusieurs reprises, pour vous procurer une évacuation. Souvent, vous ne réussirez pas; mais il ne serait pas même à désirer que vous réussissiez après chaque repas. Votre but doit être, au moyen de ces visites, de vous procurer *une* saine évacuation, au moins, tous les jours. Et cela ne peut guère manquer d'avoir lieu; car, à chaque visite à la garde-robe, vous aurez pour résultat, dans tous les cas, une descente accélérée des matières intestinales, et dans un degré tel, qu'une pareille accélération de leur descente, à votre visite prochaine, sera généralement suffisante pour effectuer leur expulsion.

§ 27. Les efforts réitérés que vous ferez à ces visites, ne seront suivis d'aucun inconvénient, si vous vous bornez à des efforts, tels que nous les avons indiqués, c'est-à-dire, à des efforts modérés.

§ 28. Par leur aide, vous vous procurerez presque toujours *une* évacuation par jour, parce qu'ainsi vous n'aurez jamais laissé aux matières intestinales le temps d'acquérir cet état de sécheresse et de dureté qui rend leur descente dans les intestins difficile, et souvent presque impossible. C'est pourquoi, si vous faites emploi de ce moyen (en cas que cela soit nécessaire), il est probable que vous pourrez négliger impunément les indications données dans les §§ 15, 16, 20. Mais il ne faut pas porter vos espérances au-delà, c'est-à-dire jusqu'à croire, que vous pouvez, pendant quelque temps, vous dispenser de l'emploi des indications données dans les §§ 3, 10, 13, 14, 17, 18. Car l'emploi de ce moyen auxiliaire seul serait insuffisant pour vous rétablir, et en vous bornant à lui seul, vous ne feriez que retarder votre guérison.

§ 29. Aussitôt que vous trouverez que la Farine de Lentilles Warton donne lieu aux évacuations, sans visiter si souvent la garde-robe, vous diminuerez graduellement le nombre de ces visites de sollicitation, jusqu'à ce que vous les cessiez entièrement.

§ 30. Nos motifs pour recommander de faire ces visites de sollicitation à la garde-robe *après les repas*, plutôt qu'à tout autre temps, sont, que dans ces moments, l'estomac, stimulé fortement par les aliments, stimule fortement aussi les intestins de se vider. On sait que c'est peu de temps après déjeuner que presque toutes les personnes bien réglées, sous ce rapport, vont à la garde-robe.

§ 31. Cependant, pour que l'estomac soit fortement stimulé par un repas, il importe qu'il soit vide avant de manger, et qu'il y ait eu même un court intervalle avant le repas, pendant lequel l'estomac soit resté sans aucun aliment à digérer. C'est seulement après un tel intervalle que son nouvel approvisionnement le stimule assez fortement, pour qu'il puisse stimuler, avec assez de force, les intestins de s'évacuer.

§ 32. Il faut avoir grand soin d'empêcher, si cela est possible, que les matières excrémentitielles ne s'accumulent dans les intestins, pendant deux jours de suite. Car, si vous avez de la difficulté à évacuer une fois dans les vingt-quatre heures, cette difficulté devient, le plus souvent, bien plus grande si quarante-huit heures s'écoulent sans évacuation.

§ 33. Cette augmentation de difficulté provient de deux causes : 1° de la sécheresse et de la dureté que les matières intestinales acquièrent en approchant du rectum après être restées dans les intestins au-delà de vingt-quatre heures ; 2° de l'irritation et du gonflement que le rectum et le sphincter de l'anus subissent par l'action combinée de ces matières sur les intestins, et du mouvement des jambes en marchant.

§. 34. Cependant, pour empêcher l'irritation et le gonflement dont nous venons de parler, il ne faut pas, pour éviter de marcher, recourir ni au cheval, ni à la voiture. Les secousses que les fesses subissent par ces deux mouvements sont productives de maux beaucoup plus grands, et bien plus nombreux, sous le rapport de la constipation, que le mouvement de la marche; et, outre cela, elles produisent promptement les hémorrhoïdes : c'est, même. l'origine ordinaire des hémorrhoïdes.

§ 35. Ceux qui sont constipés, ne doivent jamais, ou au moins aussi rarement que possible, aller à cheval, ou en voiture, à l'exception peut-être des voitures des chemins de fer, où les secousses sont presque imperceptibles. Les personnes constipées, et toutes celles, qui veulent conserver leur santé toujours bonne, préfèreront le mouvement de la marche, à celui de tous les chevaux et de toutes les voitures du monde, car ce mouvement est le seul qui convient parfaitement à l'homme.

§ 36. Pour empêcher, autant que cela se peut, l'irritation et le gonflement, qui sont décrits au § 33, le seul remède, outre les moyens déjà indiqués pour empêcher la constipation, est d'appliquer du suif ou du cérat blanc à l'anus. Si, après que les évacuations alvines ont cessé depuis plus de vingt-quatre heures, on néglige cette précaution, beaucoup d'incommodités se font ordinairement sentir dans ces parties du corps, et un état de constipation assez difficile, peut-être même, très difficile, à vaincre, survient fréquemment.

§ 37. Pour favoriser les moyens déjà indiqués dans la production de leurs effets, il est *très important* que vous preniez tous les jours, au grand air, à pied, autant d'exercice que possible : plus vous en prendrez, fût-ce pendant plusieurs heures, pourvu que vous ne vous fatiguiez pas *excessivement*, et plus tôt vos évacuations saines et journalières seront rétablies. L'inactivité et la vie sédentaire augmentent, singulièrement, la disposition à la constipation.

§ 38. L'état de constipation s'améliore par une digestion facile et bonne; mais, une pareille digestion ne peut pas avoir lieu, quand les repas, sous le rapport de la quantité, sont trop forts. C'est pourquoi, il ne faut pas, sous aucun prétexte, manger trop à chaque repas; et ce qui vous étonnera peut-être, c'est, que vos forces même n'en seraient que plus grandes. Quand on mange beaucoup, la digestion est incomplète; d'où il arrive, qu'une réparation convenable des forces n'a pas lieu, et qu'on ressent une lassitude partout le corps. Au contraire, quand on mange peu, la digestion est parfaite, ou au moins beaucoup plus complète; d'où il arrive, que les forces sont parfaitement, ou au moins convenablement réparées, et que le corps acquiert de la vigueur. Au lieu, donc, que vos repas soient trop forts, sous le rapport de la quantité, qu'ils soient plus nourrissants sous le rapport de la qualité.

§ 39. A moins que vous ne preniez beaucoup d'exercice, vous éviterez de manger de la viande plus d'une fois par jour. L'habitude contraire contribue à la constipation.

§ 40. Vous aurez les digestions beaucoup plus faciles si vous mangez de la viande au repas du matin, plutôt qu'à celui du soir.

§ 41. Vous aurez soin, en mangeant, de bien broyer avec les dents, tout ce que vous mangerez, surtout les viandes et les substances dures, autrement le travail que vous laisseriez à faire pour l'estomac, dépassera ses forces, et les aliments passeront par les intestins sans être broyés, et les irriteront, ce qui est extrêmement préjudiciable à leur saine action et à tout le corps.

§ 42. Vous aurez soin aussi de ne rien manger, avant qu'il se soit écoulé au moins trois heures après un repas, si léger qu'il soit et quelque peu de nourriture que vous ayez prise. Autrement, ces aliments, se trouvant en même temps sur l'estomac, les uns digérés, les autres ne l'étant pas encore, et le pylore n'étant plus fermé, ils passeront ensemble dans les intestins; où ceux qui ne sont pas digérés, produiront de l'irritation et beaucoup de mal, comme feraient des corps étrangers.

§ 43. Il importe *extrêmement* que les personnes constipées évitent d'être serrées le moindre du monde, dans leurs habillements à l'endroit du ventre. Dans cette partie du corps, elles doivent être toujours **EXCESSIVEMENT** libres. La négligence sur ce seul point, chez l'homme ou chez la femme, à quelque âge que ce soit, empêcherait l'effet de tout moyen de guérison.

§ 44. Les personnes constipées ne doivent pas rester au lit plus de huit heures, et, si cela se peut, pas plus de sept. Un plus long séjour dans le lit, empêche la descente des matières intestinales, les sèche, les durcit, et épuise les forces du corps.

§ 45. Dans l'été, il convient aux personnes constipées de se lever de grand matin, car la fraîcheur, dans cette saison de l'année, améliore considérablement leur état.

§ 46. Les personnes constipées doivent éviter, même dans l'été, de s'asseoir sur les bancs de pierre, s'ils sont froids au toucher, ou sur toute autre substance froide; et encore davantage, si cette substance donne de l'humidité, telle que l'herbe. En négligeant cet avis, elles s'exposent à voir leur inattention suivie promptement d'effets, qui, sous le rapport de la constipation, leur font beaucoup de mal, et retardent considérablement leur guérison.

§ 47. Les évacuations alvines reviennent toutes les vingt-quatre heures, avec une régularité parfaite, lorsqu'on est en parfaite santé, que l'on prend ses repas à des heures réglées, et que l'on est sage dans sa manière de vivre.

CHAPITRE III.

Indications pour la deuxième classe de personnes, — celles qui ne peuvent pas aller à la garde-robe sans employer de lavements.

§ 48. Si vous vous trouvez de la deuxième classe indiquée au § 2, faites comme il est dit depuis le § 3 jusqu'au § 47. Mais, avant de commencer de suivre l'instruction donnée dans ces §§, il faut débuter en faisant ce qui suit :

§ 49. Le matin du jour où vous devez commencer l'emploi de la Farine de Lentilles, vous prendrez une dose (*a*) de la ***Préparation Saline de Séné de Warton*** (*b*).

(*a*) La quantité de la dose dépend du sexe, de l'âge et des forces de la personne; elle est indiquée dans les instructions qui accompagnent la *Préparation.*

(*b*) Cette Préparation se vend seulement à Paris, chez Bonnevin, pharmacien, place des Italiens, n° 8. Prix : 2 fr. 50 c.

§ 50. Il sera convenable de prendre la dose à six, ou même à cinq heures du matin, si cela se peut. Trois quarts-d'heures après l'avoir prise, il faut boire chaud un verre de bouillon d'herbes rafraîchissantes, telles que l'oseille, ou de bouillon de veau, et continuer cette boisson toutes les demi-heures, jusqu'à ce que la médecine ait opéré une, ou plutôt, deux fois. Ce qui importe beaucoup pour hâter l'effet de cette médecine, c'est de boire la veille du jour où vous devez prendre cette médecine, une heure environ avant de vous mettre au lit, deux ou trois verres d'eau, que vous pouvez sucrer, si vous voulez.

§ 51. Quand la médecine aura opéré assez copieusement, une ou deux fois, vous pourrez déjeuner. Pendant ce jour, et le jour suivant, votre appétit sera probablement plus fort; mais il ne faut pas le satisfaire : il faut, au contraire, le restreindre ces deux jours. De plus, il faut éviter les objets interdits aux §§ 13, 16.

§ 52. Vous bornerez votre nourriture, autant que cela vous sera possible, à la Farine de Lentilles Warton, en mangeant quelquefois un fort bouillon de bœuf, un potage au gras, un peu de viande tendre rôtie, ou des légumes au jus.

§ 53. Vous bornerez votre boisson, autant que cela vous sera possible, aux indications données dans le § 50.

§ 54. Le troisième jour, vous répéterez la dose indiquée au § 49, en suivant les instructions données aux §§ 50, 51, 52, 53.

§ 55. Quoique vous ayez des évacuations saines le jour qui suivra celui où vous avez pris la première dose, vous n'en prendrez pas moins la seconde dose indiquée au § 54.

§ 56. Ayant consacré les quatre premiers jours, dans la manière qui vient d'être décrite, à l'emploi des deux doses de la *Préparation Saline de Séné de Warton*, et au régime qu'elles exigent, le cinquième jour, vous cesserez de prendre cette médecine, et vous vous bornerez à l'emploi quotidien de la Farine de Lentilles Warton, en suivant l'indication donnée au § 48.

§ 57. Dès le commencement de ce cinquième jour, vous mangerez et vous boirez comme vous avez coutume de manger et de boire ; seulement, vous userez avec plus de restriction que précédemment des mets et des boissons indiquées aux §§ 13, 16, jusqu'à ce que vous ayez l'expérience que vous pouvez être plus libre dans votre régime, sans que cela vous empêche d'aller à la garde-robe sainement et tous les jours.

§ 58. Si, par quelque écart ou interruption dans ce régime, ou par aucun autre accident, vous vous sentiez dans la nécessité de recourir aux lavements, ne le faites pas ; mais remplacez leur emploi par une dose de la *Préparation Saline de Séné de Warton* (*a*), comme il est indiqué au § 49 ; mais excepté dans les cas rares, dont vous jugerez parfaitement vous-même, vous n'aurez pas besoin de recourir à la seconde dose indiquée au § 54. Après, vous continuerez tous les jours l'emploi de la Farine de Lentilles comme auparavant.

(*a*) Une préparation dans le même genre se vend dans toutes les pharmacies, mais elle n'est nullement la même que celle que votre cas exige; c'est pourquoi, il faut n'employer que celle qui est préparée à la place des Italiens. Voir l'adresse à la note *(b)* du § 49.

CHAPITRE IV.

Indications pour la troisième classe de personnes, — celles qui vont à la garde-robe, — sans employer de lavements, mais avec quelque difficulté, et pas assez souvent.

§ 59. Si vous vous trouvez de la troisième classe indiquée au § 2, il suffira de vous borner aux indications données aux §§ 3, 4, 9, 10, 11, 12, 13, 14.

CHAPITRE V.

Indications pour la quatrième classe de personnes. — celles qui éprouvent un relâchement *subit* des intestins.

§ 60. Si vous vous trouvez de la quatrième classe indiquée au § 2, il suffira : 1° de vous borner aux indications données aux §§ 3, 5, 6, 10, 17, 20; 2° de supprimer de vos repas le pain et les autres objets indiqués au § 16; 3° de boire librement et souvent, comme il est indiqué au § 50; 4° si le relâchement ne cède pas promptement à ce traitement, vous devrez prendre la petite dose de la *Préparation Saline de Séné de Warton*, qui est indiquée dans l'Avis qui accompagne cette Préparation pour les cas de relâchement des intestins; 5° vous devrez aider à ces effets par les boissons indiquées au § 50.

§ 61. Ce qui paraît étrange à ceux qui n'ont pas de connaissance spéciale sur ces matières, c'est que l'on recommande de prendre de la médecine et des boissons rafraîchissantes en cas de relâchement *subit* des intestins, comme en cas de leur resserrement. La raison en est que, dans le cas de relâchement, il existe souvent, dans les intestins, de la matière malfaisante qui les irrite. C'est pourquoi la médecine, en opérant l'expulsion de ces matières, guérit de suite cette espèce de maladie. L'expérience de tous les jours prouve, qu'une médecine convenable, d'une propriété laxative, prise à petite dose, est le moyen le plus sûr, comme le plus prompt de guérir le relâchement *subit* des intestins, lorsque, par hasard, cette maladie ne cède pas, presque de suite, à l'emploi du *Moyen Naturel*.

CHAPITRE VI.

Indications pour la cinquième classe de personnes, — celles qui éprouvent un relâchement *habituel* des intestins.

§ 62. Les moyens expliqués dans le chapitre V, ne sont destinés qu'aux personnes qui éprouvent un relâchement *subit* des intestins;

et non à celles qui, par une habitude du corps, opposée à la constipation, sont plutôt habituellement relâchées.

§ 63. A cette dernière classe de personnes, nous aurons, sous peu, à offrir une substance alimentaire *simple et naturelle*, très agréable à prendre, qui corrige *sûrement* ce relâchement habituel, et qui, dans son emploi, est *promptement* suivie des effets les plus heureux que l'on puisse attendre.

§. 64. Ainsi, donc, nos moyens étant complets pour les deux maladies opposées, celle de la constipation et celle du relâchement des intestins, seront, par cela même, complets aussi, pour guérir et prévenir presque toutes les maladies auxquelles la nature humaine est exposée, comme nous l'avons fait voir dans « l'EXPLICATION D'UNE DÉCOUVERTE EXTRAORDINAIRE. »

§. 65. **AUX MÉDECINS.** Tout Médecin, qui s'adresserait à la Maison Warton pour éprouver ce dernier aliment, en serait, comme pour la *Farine de Lentilles Warton*, ou *Moyen Naturel*, approvisionné *gratuitement*, en échange de sa simple carte d'adresse, pour le mettre à même de constater, sans aucun versement de fonds, que les résultats obtenus sont *bien réellement* tels que nous les annonçons.

FIN.

APERÇU GÉNÉRAL.

DU PROSPECTUS QUI SUIT :

Le nouveau petit livre, dont ce Prospectus est destiné à faire connaître la publication, est réellement tel que son titre l'exprime, c'est-à-dire, « *d'une importance si grande, qu'elle touche de près aux intérêts les plus chers de tout individu du genre humain.* »

Pour être accessible à tous, il est publié au prix le plus modique.

On trouvera, plus bas, dans les Observations qui suivent le titre, l'indication du but de ce livre, qui ne pouvait pas être convenablement expliqué dans le titre. Après les avoir parcourues, assurément le lecteur sentira assez leur importance pour dire, avec l'auteur, qu'il n'y a personne qui ne soit profondément intéressé à la « DÉCOUVERTE » dont il est question.

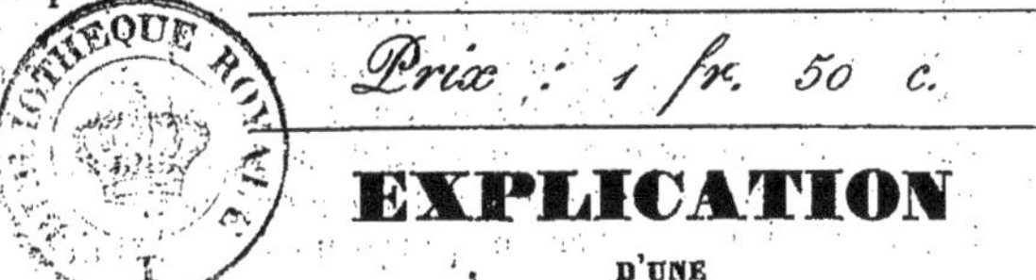

Prix : 1 fr. 50 c.

EXPLICATION

D'UNE

DÉCOUVERTE EXTRAORDINAIRE

DONT L'IMPORTANCE EST SI GRANDE

QU'ELLE TOUCHE DE PRÈS AUX INTÉRÊTS LES PLUS CHERS DE TOUT INDIVIDU

DU GENRE HUMAIN.

« La nature, avare de moyens, est prodigue de résultats. » BICHAT.

PARIS. Le Dépôt de ce Livre est chez Mr WARTON, rue Richelieu, n° 68.

Les explications suivantes suffiront pour donner une idée, assez exacte, de celles qui se trouvent dans le livre sur cette Découverte. Elles forment les « OBSERVATIONS PRÉLIMINAIRES » de l'ouvrage.

OBSERVATIONS PRÉLIMINAIRES.

Dois-je vivre longtemps ou mourir bientôt? c'est là une question qui intéresse l'homme profondément depuis l'enfance jusqu'à un âge avancé; c'est la question qui l'intéresse plus que toute autre.

L'intérêt excessif, qu'il y porte, fait voir avec quel empressement il accueillerait un moyen, par l'emploi duquel il pourrait, presque toujours, avoir l'assurance d'atteindre à une extrême vieillesse.

Et si, au lieu de passer une partie, souvent considérable, de sa vie dans un état habituel de maladie et de souffrance, il pouvait, par l'emploi de ce moyen, avoir cette même assurance, et, de plus, celle de conserver toujours la plénitude de la santé, et la possession de toutes ses facultés, on sent qu'il l'accueillerait avec un empressement encore plus grand.

Dans les siècles passés, on a réussi, jusqu'à un certain point, à persuader aux hommes, que l'on possédait des moyens de leur accorder cette extension de la vie, avec une santé toujours parfaite.

Parmi ces moyens, tout ce qui n'était pas mystère, n'était qu'absurdité; et les hommes regrettèrent tellement d'y avoir pu croire, qu'ils ne voulurent plus en entendre parler.

La médecine, cependant, depuis ces temps-là jusqu'à nos jours, n'a jamais regardé cette idée, réputée extravagante, comme absurde : la seule absurdité, qu'elle eût reconnue, était dans les *moyens employés* pour reculer les bornes de la vie et conserver la santé toujours intacte. En effet, en admettant l'efficacité des règles hygiététiques, la médecine admet le principe, et le principe étant une fois admis, il n'y a plus de bornes où l'on doive s'arrêter; car, enfin, en admettant le principe, on admet forcément toutes ses conséquences.

Cependant, par la raison que la médecine n'a jamais pu savoir quels moyens il faut employer pour y réussir, elle n'a jamais voulu en parler davantage. Montrer par le raisonnement que la chose était théoriquement vraie, sans sentir le pouvoir de l'exécuter, paraissait à la médecine un moyen susceptible, plutôt de se faire regarder comme insensé, ou condamner comme imposteur, que de faire un travail utile.

C'est sans doute pour cela, que l'opinion générale des hommes, sur cette question, est restée ce qu'elle était il y a des siècles, c'est-à-dire, un préjugé; et on ne peut pas douter qu'elle ne se fût considérablement modifiée, si la médecine avait répandu quelque évidence sur ce sujet, par des travaux et des recherches suivis.

L'auteur, persuadé qu'il peut démontrer que la chose est possible en théorie; certain de l'efficacité de ses moyens pour réussir dans la pratique; et convaincu de l'intelligence des hommes pour reconnaître la vérité, et de leur zèle pour défendre ses droits sacrés; — soumet, dans l'ouvrage qui suit, à l'examen de tous, et ses raisonnements et ses moyens de réussir dans la pratique; car il ne pense pas qu'il puisse se permettre, légitimement, de reculer devant l'opinion publique, pour le seul motif qu'elle est diamétralement opposée à la sienne, quand il a la conviction, que, quoique seul, il a la vérité pour appui, et lorsqu'il se sent la force nécessaire pour la démontrer. Au reste, il engage ceux qui, par leurs connaissances spéciales, sont appelés à le faire, à examiner la matière à fond, et il propose, pour qu'il n'existe, pour personne, aucun motif de se refuser à son invitation, de fournir gratuitement, aux médecins, les moyens de faire cet examen.

Avant de commencer cet opuscule, il va donner un aperçu un peu plus détaillé de son contenu.

I. L'auteur examine pourquoi, dans l'enfance, la mort fait tant de ravages; — pourquoi le nombre de ceux, qui meurent jeunes, est si grand; — pourquoi le nombre de ceux, qui arrivent à un âge un peu avancé, est si peu considérable; — pourquoi quelques-uns, seulement, atteignent à une extrême vieillesse, toujours saine et vigoureuse; — enfin, pourquoi la mort est connue parmi les hommes avant le terme de la décadence naturelle

II. L'auteur examine, pourquoi tant de personnes sont si souvent malades; — pourquoi tant d'autres le sont habituellement; — enfin, pourquoi l'état de maladie existe parmi les hommes.

Comme résultat de cet examen, —

L'auteur trouve, que, mourir avant le terme de la décadence naturelle, aussi bien que souffrir par l'état de maladie, sont des cas exceptionnels dans la vie humaine; qu'ils ne sont nullement nécessaires, et, par conséquent, que la mort peut être reculée jusqu'à une extrême vieillesse, et la maladie bannie à jamais; conséquemment que, conserver et recouvrer l'état de santé, à quelques rares exceptions près, est toujours dans notre pouvoir. L'auteur adopte ces résultats comme principes.

Une comparaison de ces principes, avec ceux reconnus par les médecins les plus renommés de tous les pays, fait voir qu'il n'est rien de contradictoire entre les leurs et ceux de l'auteur.

Enfin, l'auteur s'occupe, —

I. A démontrer comment on peut, presque sans exception de cas, se débarrasser de la maladie avec une grande facilité, et même prévenir son atteinte.

II. A démontrer que, sous ces deux rapports, toutes les maladies sont égales, c'est-à-dire, que toutes sont également faciles à maîtriser, que toutes sont également faciles à prévenir.

III. A démontrer que, sous ces deux rapports, tous les hommes sont égaux, c'est-à-dire, que, sans être médecins, tous sont également capables de maîtriser leurs maladies, que tous sont également capables de les prévenir.

(Nota. Il y a naturellement une exception aux trois démonstrations qui précèdent, c'est quand le malade a laissé à la maladie le temps de faire trop de progrès. Pour empêcher qu'un tel accident arrive jamais, l'auteur indique des moyens certains de le prévenir, moyens très faciles à suivre).

IV. A démontrer que si, pour guérir les maladies, conserver la santé et étendre l durée de la vie, il a été, dans ses travaux, plus heureux que ceux qui l'ont précédé, ce n'est pas que ces médecins niassent la possibilité d'obtenir de pareils résultats, mais parce que l'agent, nécessaire pour les produire, leur était inconnu. C'est dans la découverte de cet agent que consiste la **DÉCOUVERTE EXTRAORDINAIRE.**

De l'aperçu du livre que ce peu de mots donne, on pourrait présumer que cet ouvrage est plutôt théorique que pratique; c'est, cependant, tout le contraire, car ces «Observations Préliminaires» indiquent, plutôt les conséquences auxquelles la lecture de l'ouvrage conduit, que la marche que l'auteur a réellement suivie, dans son livre, pour y arriver. L'auteur a fait tous ses efforts pour être pratique; il a simplifié tout, pour être intelligible pour tous. Par cette raison, et à cause de la manière simple dont le livre est écrit, sa lecture n'offrira rien de compliqué à faire, rien d'abstrait à saisir, rien de difficile à comprendre.

Imprimerie et Lithographie de Wittersheim, rue Montmorency, 8

LA FARINE DE LENTILLES WARTON

OU

MOYEN NATUREL

Se trouve seulement à Paris, chez *J. Warton*, rue Richelieu, n° 68 ; par conséquent, il n'y a nul dépôt à Paris, ni en Province.

Elle se délivre en paquets, sous le cachet de la Maison.

Chaque paquet est de quatre kilogrammes environ, et se vend 12 fr.

Nota. La personne qui veut éprouver l'effet de ces Lentilles sur elle-même ne peut pas bien en juger avec une moindre quantité ; c'est pour cela que l'on n'en vend pas moins de quatre kilogrammes.

Un livre, contenant une explication détaillée de la manière d'employer cette Farine, accompagne chaque paquet. Ce petit livre, dont le prix est de 50 cent., est intitulé : « INSTRUCTIONS très détaillées sur l'emploi de la *Farine de Lentilles Warton*, ou *Moyen Naturel*, etc., avec un *Aperçu* sur les causes de la *Constipation*; —

sur la Maladie opposée, celle du *Relâchement des Intestins;* et sur les *Moyens Auxiliaires* auxquels on peut avoir recours, en cas de besoin, pour se guérir de ces deux maladies, comme sur les moyens de les prévenir; par l'Auteur d'une « *Découverte Extraordinaire.* »

Toute commande pour la Farine de Lentilles Warton ou Moyen Naturel doit être accompagnée de 12 fr., montant du prix de la Farine; de 50 cent. pour le livre « *d'Instructions,* » et, si elle est pour la province, de 75 cent. en sus, pour la caisse d'emballage, ce qui fait en tout 13 fr. 25 c. On peut faire l'envoi de l'argent, en espèces, par les Messageries, ou en un bon sur la poste, payable à J. Warton, ou à son représentant. Les lettres ou envois doivent contenir, *bien lisiblement,* les noms et adresses des personnes qui écrivent, et doivent être *affranchis;* autrement ils seront refusés.

Imprimerie et Lithographie de Wittersheim, rue Montmorency 8

www.ingramcontent.com/pod-product-compliance
Ingram Content Group UK Ltd.
Pitfield, Milton Keynes, MK11 3LW, UK
UKHW022146260726
13993UKWH00005B/2182

9 782329 169668